MARYAM AGUENAGAY

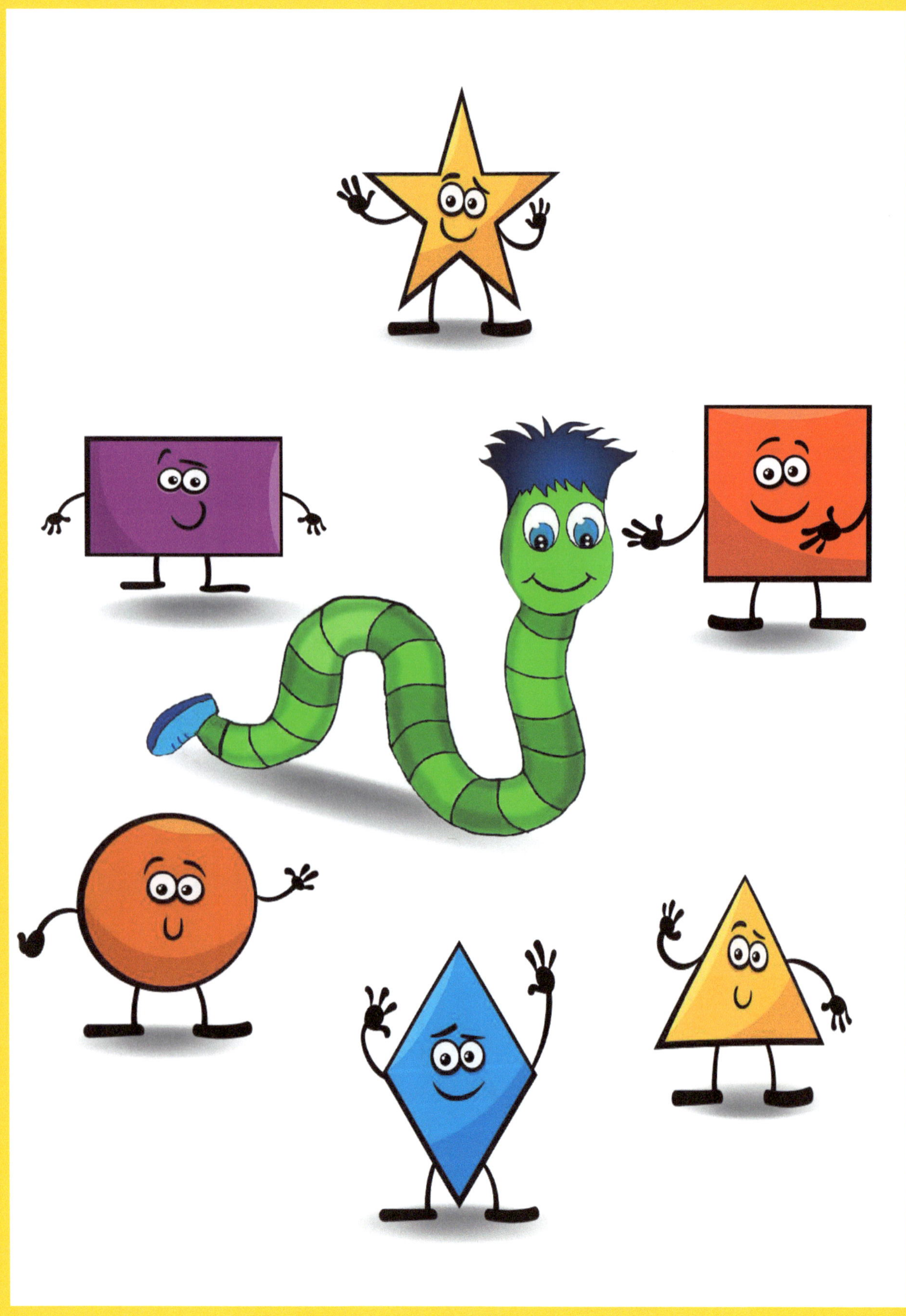

Dans ce livre, les illustrations sont élaborées à partir de dessin fait au crayon, la couleur et la touche finales sont ajoutées au moyen de programmes et application comme Color et Sketches.
Ce livre a été composé en caractère points .

Texte et illustration
Maryam Aguenagay

Jimmy joue avec ses amis les formes. Jimmy annonce qu'il voudrait les imiter en transformant son corps en chaque forme.

Cercle

Ballon

Melon d' eau

Globe Terrestre

Beignes

Carré

Des objets en formes de carré

Dés

Chocolat

Fenêtre

Cadeau

Triangle

Des objets en formes de triangle

Morceau de Pizza

Panneau de circulation

Morceaux de Melon d'eau

Fromage

Rectangle

Des objets en formes de rectangle

Porte

Valise

Livre

Carte de jeu

Losange

Des objets en formes de losange

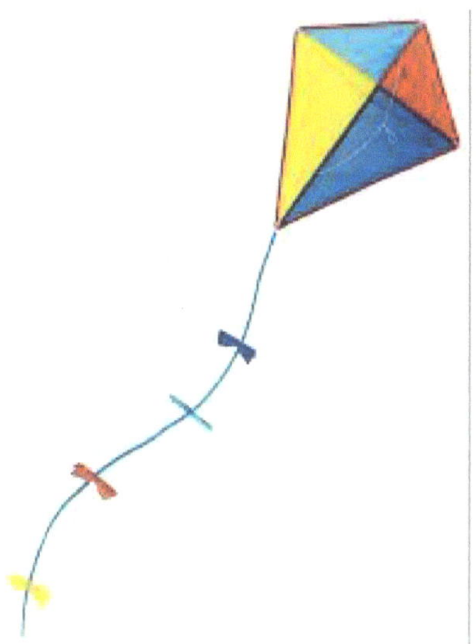

Cerf volant

Panneau de circulation

Boucles d' oreilles

Gaufre

Étoile

Des objets en formes d'étoile

décoration de Noël

Étoile de mer

ballon

Il existe d'autres formes géométriques Qui sont aussi les amis de Jimmy le ver de terre. Comme ....

Trapèze

octagone

pentagone

coeur

Ovale

hexagone

- Carré
- Rectangle
- Étoile
- Losange
- Triangle
- Cercle

Trouves le nom de chaque formes